Fein und festlich

Neue Rezepte für Weihnachten und Silvester

Jan Thorbecke Verlag

INHALT

MINI-ÉCLAIRS
mit dreierlei Mousses

Zubereitung: 45 Min.
Backzeit: ca. 25 Min.

FÜR 20 BIS 25 MINI-ÉCLAIRS

Für den Brandteig
- 50 ml Milch
- 2 Prisen Salz
- 75 g Butter
- 90 g Mehl
- 3 Eier

Für die Füllungen:
- 120 g frischer Lachs
- 120 g Thunfisch in Öl
- 120 g Sardinen in Öl
- 300 ml Schlagsahne, gut gekühlt
- einige Blätter Rauke
- 2 EL Olivenöl
- Salz und Pfeffer

1. Backofen auf 180 °C vorheizen. Für den Brandteig die Milch, 100 ml Wasser und Salz in einen Topf geben und die Butter in Stückchen hinzufügen. Aufkochen und vom Feuer nehmen. Das gesiebte Mehl auf einmal eingießen und mit einem Küchenspatel einarbeiten. Den Topf erneut auf den Herd stellen und den Teig 4 oder 5 Minuten bei mittlerer Hitze unter ständigem Rühren „abbrennen", bis sich der Teig vom Boden löst und eine Kugel bildet. Diese in eine Rührschüssel geben, 5 Minuten abkühlen lassen, und anschließend die Eier nacheinander kräftig einarbeiten, bis ein seidig-glatter Teig entsteht.

2. Den Teig in einen Spritzbeutel mit Sterntülle (12 oder 14 mm) füllen. Auf ein Backblech 6 bis 8 cm lange Stränge spritzen. 20 Minuten im Ofen backen. Herausnehmen und auf einem Gitter abkühlen.

3. Für die Füllungen Lachs, Thunfisch und Sardinen abtropfen lassen. Getrennt auf drei Schüsseln verteilen und mit einer Gabel zerdrücken. Die Sahne steif schlagen. Jeweils 1/3 der Sahne unter jedes Fischpüree rühren. Salzen und pfeffern.

4. Die Éclairs mit einem scharfen Messer der Länge nach halbieren. Das Unterteil jeweils mit einer Fischcreme befüllen und mit einem Raukenblatt garnieren, Olivenöl darüber tröpfeln und das Oberteil daraufsetzen. Vor dem Servieren im Kühlschrank vorhalten.

VARIANTE: Die Mousses mit Gewürzen aromatisieren: Curry für den Thunfisch, Paprika für die Sardinen und Kreuzkümmel für den Lachs.

TIPP: Diese Éclairs eignen sich perfekt als Vorspeise und für Büffets. Sie haben den Vorteil, dass man sie schon am Vortag backen kann. Die Mousses allerdings sollten erst im letzten Moment eingefüllt werden, damit der Brandteig nicht aufweicht.

HÄPPCHEN MIT FOIE GRAS
und Zwiebel-Konfitüre

Zubereitung: 30 Min.
Kochzeit: 10 Min.

**GEFRIERZEIT: MINDESTENS
2 STD.**

FÜR 16 HÄPPCHEN

- 2 Blätter Gelatine
- 150 g Zwiebel-Konfitüre (aus dem Glas)
- 4 große Scheiben Toastbrot ohne Rinde
- 220 g Foie gras von der Ente („entier", aus Glas oder Dose; s. S. 72)
- Holzstäbchen wie für Eis am Stiel

1. Die Gelatineblätter in einer Schüssel mit kaltem Wasser einweichen.

2. Die Zwiebel-Konfitüre mit 100 ml Wasser in der Küchenmaschine pürieren. Das Püree auf mittlerer Flamme erhitzen. Gelatine aus dem Wasser nehmen, gut ausdrücken und in das Zwiebelpüree einrühren. Diese Masse in eine rechteckige, tiefere Form oder Terrine streichen und 2 Stunden kalt stellen.

3. Die Brotscheiben unter dem Backofengrill rösten. Die Entenleber in 3 bis 4 mm dicke Scheiben schneiden. Die Form oder Terrine mit dem Zwiebelgelee aus dem Kühlschrank nehmen, den Boden in heißes Wasser tauchen und das Gelee auf eine Platte stürzen. Mit einem runden Ausstecher (ca. 3 cm Durchmesser) aus dem Gelee, der Leber und dem gerösteten Brot gleich große Kreisformen ausstechen.

4. Die Häppchen zusammenstellen: Eine Scheibe Gänseleber zwischen zwei Scheiben Gelee legen und zuletzt von beiden Seiten mit geröstetem Brot bedecken. Bei jedem Häppchen ein Holzstäbchen dazwischen legen. Bis zum Servieren kalt stellen.

PROFITEROLES
mit Gänseleber-Füllung

Zubereitung: 45 Min.
Backzeit: ca. 35 Min.

FÜR 20 BIS 25 PROFITEROLES

Brandteig:
- 50 ml Milch
- 2 Prisen Salz
- 75 g Butter
- 90 g Mehl
- 3 Eier
- 60 g geriebenen Ossau-Iraty (Schnittkäse aus Schafmilch)

Für die Füllung
- 150 g Foie gras (aus Glas oder Dose, s. S. 72)
- 250 ml gut gekühlte Schlagsahne
- Salz und Pfeffer

Für die Glasur:
- 200 ml Balsamico-Essig
- 1 TL Zucker
- 20 g Butter

1. Die Foie gras aus dem Kühlschrank nehmen. Den Backofen auf 180 °C vorheizen.

2. Für den Brandteig die Milch mit 100 ml Wasser, Salz und den Butterstückchen in einen Topf geben. Zum Kochen bringen. Von der Herdstelle nehmen, das gesiebte Mehl auf einmal hinzugeben und mit einem Küchenspatel einarbeiten. Den Topf wieder auf den Herd stellen und den Teig 4 bis 5 Minuten „abbrennen", bis er sich vom Topfboden löst und eine Kugel bildet. Den Teig in eine Rührschüssel geben, 5 Minuten abkühlen lassen und nach und nach die Eier einzeln kräftig einarbeiten. Den geriebenen Käse unterheben.

3. Den Teig in einen Spritzbeutel füllen und kleine Kugeln (3 cm Durchmesser) auf ein Backblech spritzen. 25 bis 30 Minuten backen. Aus dem Ofen nehmen und auf einem Gitterrost abkühlen.

4. Für die Füllung die Foie gras durch ein feinmaschiges Sieb streichen, um möglicherweise vorhandene Sehnen zu entfernen. Die Sahne steif schlagen, salzen, pfeffern und vorsichtig unter die Foie gras heben. Die Mousse kalt stellen.

5. Für die Glasur den Balsamico-Essig mit dem Zucker 8 bis 10 Minuten in einer Kasserolle auf mittlerer Flamme zu einer sirupartigen Masse reduzieren. Vom Feuer nehmen und die Butter stückchenweise mit dem Schneebesen einrühren. Ebenfalls erkalten lassen.

6. Die kleinen Windbeutel in der Mitte horizontal durchschneiden, die Gänseleber-Sahne in eine Spritztüte mit Sterntülle füllen und in die Unterseite der Windbeutel spritzen. Die Deckel daraufsetzen. Die Profiteroles kalt stellen. Kurz vor dem Servieren mit der Glasur überziehen.

TOPINAMBUR-VELOUTÉ
mit Jakobsmuscheln

Zubereitung: 20 Min.
Kochzeit: 35 Min.

FÜR 4 PERSONEN

- 700 g Topinambur
- 1 große Kartoffel
- 700 ml Milch
- 1 Vanilleschote
- 4 Jakobsmuscheln, ausgelöst
- 15 g Butter
- 4 Prisen Paprika
- Salz und rosa Pfeffer

1. Die Topinambur-Knollen und die Kartoffel schälen und würfeln. In einen Kochtopf geben und mit der Milch aufgießen. Die Vanilleschote aufschneiden und das Mark ausschaben. Vanillemark und Schote sowie eine Prise Salz ebenfalls in den Topf geben. Aufkochen und auf kleiner Flamme etwa 30 Minuten köcheln lassen.

2. In der Zwischenzeit das Jakobsmuschelfleisch waschen und auf Küchenpapier trocknen. 5 Minuten in das Gefrierfach geben, damit das Fleisch fest wird und besser geschnitten werden kann. Anschließend horizontal halbieren. In einer Pfanne mit Butter auf beiden Seiten auf mittlerer Flamme 5 Minuten goldbraun braten. Mit Alufolie abdecken und in der Pfanne vorhalten.

3. Ist das Gemüse gar, die Vanilleschote herausnehmen, 2 Schöpfkellen Flüssigkeit abnehmen und das Gemüse pürieren. Die Flüssigkeit nach und nach hinzugeben, bis die gewünschte Konsistenz erreicht ist.

4. Die Samtsauce mit zerstoßenem Rosa Pfeffer würzen und in tiefe Schalen füllen. Das Jakobsmuschelfleisch einlegen, mit Paprika bestreuen und sofort servieren

VARIANTE: Die Jakobsmuscheln durch 2 Scheiben gebratene, in Würfel geschnittene Foie gras ersetzen. Kurz vor dem Servieren in die Velouté geben.

KARTOFFEL-APFEL-SALAT
mit Trüffel

Zubereitung:15 Min.
Kochzeit: 20 Min.

FÜR 4 PERSONEN

- 400 g Kartoffeln
- 2 Äpfel (Pink Lady, Boskoop)
- Saft von 1 Zitrone
- 2 kleine Zwiebeln
- etwas Schnittlauch
- 3 EL Traubenkernöl
- 1 frischer Trüffel
- Salz und Pfeffer

1. Die Kartoffeln schälen, waschen und in Scheiben schneiden. 20 Minuten in sprudelndem Salzwasser kochen.

2. In der Zwischenzeit die Äpfel waschen und nur schälen, wenn es sich nicht um Bio-Äpfel handelt. In dünne Scheiben schneiden und mit etwas Zitronensaft beträufeln, damit sie nicht braun anlaufen.

3. Die Kartoffeln abgießen und mit kaltem Wasser abschrecken. Die Zwiebeln schälen und in Scheiben schneiden. In eine Schüssel füllen und die Kartoffelscheiben sowie die Äpfel und den gehackten Schnittlauch hinzugeben. Salzen und pfeffern. Das Öl und 3 EL Zitronensaft darübergießen. Mischen, abschmecken und eventuell nachwürzen.

4. Den Trüffel sorgfältig waschen und abbürsten, in hauchdünne Scheiben hobeln oder schneiden. Kurz vor dem Anrichten zum Kartoffelsalat geben.

GUT ZU WISSEN: Frische Trüffeln können durch eingelegte Trüffeln (aus dem Glas oder der Dose) ersetzt werden. In diesem Fall die Trüffelmarinade zur Salatmarinade hinzugeben.

TIPP: Verwenden Sie vorzugsweise kleine Kartoffeln, denn sie ergeben im Salat ein schöneres Bild. Festkochende Sorten wie „Charlotte" eignen sich gut für Salat. Die blauviolette Sorte Vitelotte lässt den Salat noch appetitlich wirken.

SCAMPI
in Champagner-Creme

Zubereitung: 40 Min.
Kochzeit: ca. 20 Min.

FÜR 4 PERSONEN

- 300 g weiße Champignons
- Saft von 1 Zitrone
- 200 g eingelegte Artischockenböden aus dem Glas
- 16 Scampi (Kaisergranate), roh
- 1 Schalotte
- 30 g Butter
- etwas Schnittlauch
- Salz und Pfeffer aus der Mühle

Champagner-Creme

- 5 Eigelbe
- 40 g Zucker
- 125 ml Champagner

1. Champignons putzen, vierteln und mit Zitronensaft beträufeln. Die Artischockenböden abtropfen lassen und in Scheiben schneiden. Scampi schälen, das Schwanzende dranlassen.

2. Für die Champagner-Creme in einer großen Schüssel die Eigelbe mit dem Zucker zu einer weißlichen Masse aufschlagen. Die Schüssel ins Wasserbad stellen, nach und nach den Champagner hinzugeben und noch 5 bis 8 Minuten zu einer cremigen Masse weiter schlagen.

3. Backofen auf 220 °C vorheizen. Die Schalotte schälen und klein hacken. In einer Pfanne mit Butter leicht goldgelb anbraten. Champignons und Artischockenböden hinzugeben. Salzen und pfeffern. Anschließend 8 Minuten bräunen. Die Kaisergranate unterheben und weitere 5 Minuten (nicht länger) von allen Seiten braten.

4. Den Inhalt der Pfanne in eine tiefe, feuerfeste Form und die Creme darübergeben. 4 Minuten im Ofen überbacken. Mit gehacktem Schnittlauch bestreuen und sofort servieren.

RIESENGARNELEN-SPIESSE
mit Früchten

Zubereitung: 20 Min.
Marinieren: 2 Std.
Bratzeit: 15 Min.

FÜR 4 PERSONEN

- 8 Riesengarnelen (Gambas)
- Saft von 2 Limetten
- 4 EL Olivenöl
- 1 Apfel (Boskoop)
- 1 Birne
- 4 Kumquats
- 3 EL Traubenkernöl
- einige Stängel Kerbel
- Salz und Szechuanpfeffer

1. Garnelen waschen und aus der Schale lösen. In einen tiefen Teller mit Limettensaft und Olivenöl legen. Salzen und mit Szechuanpfeffer bestreuen. Den Apfel und die Birne waschen; Bio-Obst mit der Schale verwenden, ansonsten schälen, und grob würfeln. Die Kumquats waschen und in 4 mm dicke Scheiben schneiden. Das Obst unter die Garnelen mischen. 2 Stunden in der Marinade ziehen lassen.

2. Abwechselnd Garnelen und Fruchtstücke auf kleine Spieße stecken. Die Marinade aufbewahren. In einer Pfanne das Traubenkernöl erhitzen und die Garnelenspieße im heißen Öl von allen Seiten 8 Minuten lang braten.

3. Spieße aus der Pfanne nehmen. Die Marinade in die Pfanne geben. 3 Minuten unter Rühren reduzieren und die Sauce vorhalten. Die gebratenen Spieße mit der Sauce übergießen und mit gehacktem Kerbel bestreuen.

TIPP: Nach Ende der Bratzeit kann man die Garnelen noch mit 2 EL Cognac übergießen und flambieren.

KLEINE FILOTEIG-PASTETEN
mit Krebsfleisch und Safran

Zubereitung: 30 Min.
Backzeit: ca. 20 Min.

FÜR 4 PASTETCHEN

- 60 g Butter
- 1 Thymianzweig
- 4 Lorbeerblätter
- 300 g Fischfilet, weißfleischig (z. B. Kabeljau)
- 150 g Krebsfleisch, frisch oder aus der Dose
- 150 g Krabben
- 8 Blätter Filoteig (s. S. 72)
- frischer oder tiefgekühlter Schnittlauch
- Salz und Pfeffer

Für die Safransauce:

- 100 ml Weißwein
- 20 Safranfäden oder 1 EL Safranpulver
- 100 g Crème fraîche

1. Die Butter klären. Dazu die Butter bei schwacher Hitze schmelzen. Den an die Oberfläche steigenden Schaum abschöpfen. Die goldgelbe, durchsichtige, flüssige Butter vorsichtig in eine Schüssel umfüllen und die festeren Bestandteile auf dem Boden des Topfes zurücklassen.

2. 1 Liter Wasser mit dem Thymian und den Lorbeerblättern, Salz und Pfeffer aufkochen. Den Fisch einlegen und auf kleiner Flamme etwa 10 Minuten im siedenden Wasser ziehen lassen. Anschließend abgießen und etwas abkühlen lassen.

3. Krebsfleisch und Fischfleisch in Stücke zupfen, die Krabben schälen und alles in einer Rührschüssel mischen. Backofen auf 200 °C vorheizen.

4. Safransauce zubereiten. Dazu in einem kleinen Topf den Weißwein mit dem Safran köcheln lassen, bis die Flüssigkeit auf die Hälfte reduziert ist. Die Crème fraîche einrühren und mit dem Schneebesen aufschlagen.

5. Eine Lage Filoteig auf die Arbeitsplatte legen. In die Mitte ein weiteres, vierfach gefaltetes Filoblatt legen, das den Boden der Pastete verstärkt. Mit einem Backpinsel die Oberfläche mit der geklärten Butter bestreichen und in die Mitte ein Viertel der Krebs-Fisch-Mischung häufeln. Salzen, pfeffern und einen Esslöffel Safransauce und etwas gehackten Schnittlauch darübergeben. Das Teigblatt mit einem Faden wie einen kleinen Beutel verschließen. Anschließend das Äußere der Pastete mit Butter bestreichen. Auf diese Weise 4 Pasteten zubereiten. In eine Auflaufform setzen und 10 Minuten im Backofen backen. Sofort servieren, dazu in kleinen Schalen die restliche Safransauce reichen.

FOIE-GRAS-TERRINE
mit Feigen und Chutney

• Zubereitung: 1 Std.
Kühlzeit: 3 bis 4 Tage
Backzeit: 50 Min.

FÜR 6 PERSONEN

• 2 EL Cognac

• Salz und Pfeffer

• 1 Foie gras, roh und pariert
(s. S. 72)
(ca. 600 bis 700 g)

• 3 frische Feigen oder 3 weiche,
getrocknete Feigen (etwa 100 g)

Für das Chutney:

• 1 Zwiebel

• 1 Schalotte

• 6 weiche, getrocknete Feigen

• 1/2 Mango

• 1 Orange

• 20 g Butter

• 100 g Streuzucker

• 1 TL Zimt (gemahlen)

• 1 EL Orangenmarmelade
(fakultativ)

• 100 ml Himbeeressig

1. Aus 7 g Salz, 10 Umdrehungen Pfeffer aus der Mühle und dem Cognac eine Marinade herstellen. Die Foie gras hineinlegen und damit einreiben. Anschließend 2 Stunden in den Kühlschrank stellen und 3 bis 4 Mal in der Marinade wenden.

2. Den Backofen auf 150 °C vorheizen. Feigen waschen, entstielen und in kleine Würfel schneiden. Die Hälfte der Foie gras fest in eine Terrine pressen. Mit den Feigenwürfeln bedecken und die restliche Foie gras darüberlegen. Die Terrine schließen und in eine mit heißem Wasser gefüllte Form stellen. Sie muss bis auf halber Höhe im Wasser stehen. 50 Minuten backen.

3. Die Terrine aus dem Ofen holen und den Deckel abnehmen. Ein Stück Karton (kleiner als der Deckel) zuschneiden und in Alufolie einschlagen. Das überschüssige, geschmolzene Fett aus der Terrine vorsichtig in ein Glas abgießen. Den Karton auf die Foie gras legen und mit einem Gewicht beschweren. Das Ganze 1 Stunde in den Kühlschrank stellen. Anschließend Gewicht und Karton entfernen, das abgeschöpfte Fett heiß werden lassen und über die Foie gras gießen, um sie mit einem dünnen Film zu überziehen. Die Terrine bis zum Verzehr 3 bis 4 Tage in den Kühlschrank stellen.

4. Für das Chutney Zwiebel und Schalotte fein hacken. Die Mango schälen. Getrocknete Feigen und die Hälfte der Mango würfeln. Von der Orange die Schale dünn abreiben, den Saft auspressen und vorhalten. In einem Kochtopf Zwiebel und Schalotte in der Butter goldgelb anbraten, Feigen- und Mangowürfel, Zucker, Zimt und eventuell die Orangenmarmelade, dann Saft und Abrieb der Orange und den Essig hinzugeben. Auf kleiner Flamme 30 Minuten köcheln.

5. Die Foie gras auf Toast mit dem Chutney als Beilage servieren.

GEBRATENE FOIE GRAS
mit Feigen und Honigkuchen

Zubereitung: 20 Min.
Bratzeit: ca. 15 Min.

FÜR 4 PERSONEN

• 4 Scheiben Honigkuchen (Frühstückskuchen)
• 50 g Butter (30 + 20)
• 8 frische Feigen
• 4 Scheiben Foie gras (je ca. 100 g, s. S. 72)
• Saft von 1 Orange
• 1/2 Bund Kerbel
• Salz und Pfeffer

1. 30 g Butter in einer Pfanne schmelzen und die Honigkuchenscheiben 5 Minuten darin rösten.

2. Die Feigen waschen und halbieren. Die restliche Butter in der derselben Pfanne zerlassen und die Feigen 5 Minuten darin braten.

3. Die Leberscheiben pfeffern und ohne weitere Zugabe von Fett auf großer Flamme etwa je 3 Minuten auf jeder Seite scharf anbraten. Aus der Pfanne nehmen. Orangensaft in die Pfanne gießen und den Fond ablösen. Umrühren und 3 Minuten aufkochen.

4. Auf jedem Teller 1 geröstete Scheibe Gewürzbrot, darauf 1 gebratene Scheibe Foie gras und 2 Feigenhälften anrichten. Etwas Sauce darübergeben und mit Kerbel bestreuen. Sofort servieren.

VARIANTE: Für noch mehr Raffinesse den Orangensaft durch den Saft einer Grapefruit oder einer Mandarine ersetzen.

SELLERIE-PÜREE
MIT TRÜFFELN

ZUBEREITUNG UND KOCHZEIT: 25 MIN.
FÜR 6 PERSONEN

• 1 Sellerieknolle (600 g) • 2 Kartoffeln
• 12 g Trüffel, gehackt
• 10 g Butter • Salz

1. Sellerie und Kartoffeln schälen und in große Würfel schneiden. Kartoffeln in einen Topf mit kochendem Salzwasser geben und nach 5 Minuten den Sellerie hinzufügen. 10 Minuten köcheln lassen.

2. Abgießen und Sellerie- und Kartoffelstücke mit dem Kartoffelstampfer zerquetschen. Butter und Trüffel einarbeiten. Sofort servieren.

SÜSSKARTOFFEL-PÜREE
MIT HASELNÜSSEN

ZUBEREITUNG UND KOCHZEIT: 40 MIN.
FÜR 6 PERSONEN

• 2 Süßkartoffeln (ca. 300 g)
• 1 EL Haselnussöl
• 50 g gehackte Haselnüsse • Salz

1. Den Backofen auf 180 °C vorheizen. Die Süßkartoffeln in Backpapier wickeln und 30 Minuten im Ofen backen.

2. Die Süßkartoffeln auswickeln und das weiche Fleisch mit einem großen Löffel aus der Schale herauslöffeln. Mit der Gabel zerdrücken und salzen. Das Haselnussöl und die zerstoßenen Nüsse unterrühren. Sofort servieren.

PASTINAKEN-PÜREE
MIT MANDELN

Zubereitung und Kochzeit: 25 Min.
FÜR 6 PERSONEN

• 600 g Pastinaken • 2 Kartoffeln
• 2 EL Mandelmus
• 10 g Butter • Salz

1. Pastinaken und Kartoffeln schälen und in grobe Stücke schneiden. Die Kartoffeln in einen Topf mit kochendem Salzwasser geben und die Pastinaken 5 Minuten später hinzufügen. 10 Minuten köcheln lassen.

2. Abgießen und Pastinaken und Kartoffeln mit dem Kartoffelstampfer zu Brei verarbeiten. Butter und Mandelmus einrühren. Sofort servieren.

KÜRBIS-PÜREE
MIT GEHACKTEN MARONEN

ZUBEREITUNG UND KOCHZEIT: 25 MIN.
FÜR 6 PERSONEN

• 1 Kürbis (z. B. Butternut) ca. 600 g
• 60 g ganze Maronen, geschält u. gekocht
• 10 g Butter • Salz

1. Den Kürbis in große Stücke schneiden und entkernen. Die Kürbisstücke in einen Topf mit kochendem Salzwasser geben und 15 Minuten leicht sprudelnd kochen lassen.

2. Abgießen und das Kürbisfleisch zusammen mit den Maronen mit dem Kartoffelstampfer zerdrücken. Die Butter einrühren und das Püree sofort servieren.

LANGUSTEN-SCHWÄNZE
mit Passionsfrüchten

Zubereitung: 30 Min.
Backzeit: etwa 20 Min.

FÜR 4 PERSONEN

- 2 Langustenschwänze, vom Fischhändler zugeschnitten oder tiefgekühlt, je 250 g
- 60 g Butter
- 2 frische Passionsfrüchte
- Johannisbeeren als Deko (nach Belieben)
- Salz und Pfeffer

Für das Passionsfruchtkaramell

- Saft von 2 Limetten
- 60 g Zucker
- 1 Passionsfrucht
- 20 g Butter

1. Die tiefgekühlten Langustenschwänze auftauen und mit einem großen, scharfen Messer der Länge nach halbieren. Dazu das Messer in der Mitte des Panzers einstechen und zum einen Ende hin herunterdrücken, dann die Prozedur in die andere Richtung wiederholen.

2. Den Backofen auf 200 °C vorheizen.

3. Für den Karamell den Limettensaft in einen kleinen Topf geben. Zucker hinzufügen und 3 bis 4 Minuten bei schwacher Hitze köcheln, bis die Flüssigkeit karamellisiert. Hat diese eine goldbraune Färbung angenommen, den Saft und das Fleisch der Passionsfrucht und schließlich die Butter in Würfeln einrühren. Aufschlagen und 3 Minuten auf schwachem Feuer erhitzen. Pfeffern und beiseite stellen.

4. Die Langustenhälften mit der Schnittfläche nach oben auf ein Backblech legen, die Butter in Würfeln darauf verteilen, salzen und pfeffern. 15 Minuten im Ofen backen.

5. Passionsfrüchte waschen und halbieren. Jede Langustenhälfte mit einer halben Passionsfrucht und dem heißen Karamell servieren. Die Teller eventuell mit ein paar Johannisbeer-Rispen garnieren.

RIESENGARNELEN
in Schalotten und Weißwein

Zubereitung: 10 Min.
Kochzeit: etwa 15 Min.

FÜR 4 PERSONEN

- 24 Riesengarnelen (Gambas)
- 2 Schalotten
- 60 g Butter
- 150 ml trockener Weißwein
- 300 ml Crème fraîche
- 1 EL glatte Petersilie, gehackt
- Salz und Pfeffer

1. Riesengarnelen mit kaltem Wasser abspülen und abtropfen lassen. Schalotten schälen und in sehr feine Würfel schneiden.

2. Die Butter in einer Schwenkpfanne schmelzen, Garnelen hinzugeben und auf großer Flamme 2 oder 3 Minuten braten, bis sich die Schale rot färbt. Die Butter aus der Pfanne abgießen. Die Garnelenköpfe abtrennen und die Schwänze schälen. Das Garnelenfleisch auf einer tiefen Servierplatte über einem Topf mit kochendem Wasser warmhalten.

3. Die Garnelenköpfe und -schalen in einem Mörser zerstoßen. Die Mischung wieder in die Schwenkpfanne geben, diese auf den Herd stellen, auf kleiner Flamme durchrühren und anschließend die Schalottenwürfel hinzugeben. 5 oder 6 Minuten leicht braten. Den Weißwein angießen und 4 Minuten weiter köcheln. Die Crème fraîche hinzugeben, aufkochen und 3 oder 4 Minuten kochen lassen. Salzen und pfeffern.

4. Die Sauce durch ein Sieb geben und über die Garnelenschwänze auf der Servierplatte gießen. Mit gehackter Petersilie bestreuen und sofort servieren.

GEGRILLTER HUMMER
mit Mango und Forellenkaviar

Zubereitung: 15 Min.
Bratzeit: ca. 30 Min.

FÜR 4 PERSONEN

- 2 Bretonische Hummer
  (je 500 g – oder
  tiefgekühlter Hummer,
  am Vorabend aufgetaut)
- 3 Lorbeerblätter
- einige Thymianzweige
- 50 g Butter (30 + 20)
- 2 Mangos
- 2 TL Zucker
- Saft von 1 Orange
- einige Stängel Dill
- 50 g Forellenkaviar
- Szechuanpfeffer und
  rosa Pfefferkörner
- Salz

1. Den Backofen auf 210 °C vorheizen. Die Scheren der Hummer lösen. 2 Liter Wasser mit Salz, Pfeffer, den Lorbeerblättern und dem Thymian zum Kochen bringen. Die Hummerscheren darin 3 Minuten, die Körper 5 Minuten kochen. Kalt abschrecken. Die Scheren aufbrechen und das Fleisch auslösen.

2. Die Hummer mit einem großen Messer halbieren, mit den Schnittflächen nach oben auf ein Backblech legen, 30 g Butterwürfel und frisch gemahlenen Szechuanpfeffer darübergeben. 15 Minuten im Ofen braten. Ungefähr 5 Minuten vor Ende der Bratzeit das Fleisch der Scheren dazu legen.

3. In der Zwischenzeit eine Mango schälen und das Fruchtfleisch würfeln. Die zweite Mango nicht schälen, sondern dünne Spalten vom Kern schneiden. 20 g Butter in einer Pfanne schmelzen und das Mangofleisch mit dem Zucker bestreut darin braten. Die ungeschälten Mangoscheiben hinzugeben und 5 Minuten leicht anbräunen. Das gebratene Fruchtfleisch aus der Pfanne nehmen und den Fond unter Rühren mit Orangensaft ablöschen und aufkochen. Die Sauce vorhalten.

4. Auf jedem Teller jeweils einen halben Hummer, das Fleisch der Scheren und das Fruchtfleisch mit etwas Sauce und Dill anrichten. Mit dem Forellenkaviar und rosa Pfefferkörnern bestreuen.

GEBRATENER SEETEUFEL
zwischen Land und Meer

Zubereitung: 20 Min.
Einweichen: 20 Min.
Bratzeit: 35 Min.

FÜR 4 PERSONEN

- 1 Seeteufel-Schwanz ca. 800 g
- 100 g Herbsttrompeten, getrocknet (s. S. 72)
- Saft von 1 Zitrone
- 5 oder 6 Scheiben roher, durchwachsener Speck
- 60 g Butter (30+30)
- 2 EL Olivenöl
- 3 Knoblauchzehen
- 200 ml Weißwein
- 200 g Pfifferlinge
- Salz und Pfeffer

1. Bitten Sie den Fischhändler beim Kauf, den Mittelteil vom Schwanz eines Seeteufels zu enthäuten, zu halbieren und zu entgräten. Bei der Zubereitung als erstes die Herbsttrompeten in einem Glas mit lauwarmem Wasser 20 Minuten einweichen.

2. In einem Topf 1 Liter Wasser mit Zitronensaft aufkochen. Die beiden Seeteufelteile für 5 Minuten einlegen, herausnehmen und abtropfen lassen. Die beiden Teile wie einen Rollbraten zusammenlegen. Mit Speck umwickeln, pfeffern und mit Küchengarn zusammenschnüren.

3. 30 g Butter mit Olivenöl in einem gusseisernen Schmortopf erhitzen. Die ungeschälten Knoblauchzehen hinzugeben, den Rollbraten einlegen und bei mittlerer Hitze von allen Seiten anbraten. Weißwein angießen, den Topf mit seinem Deckel verschließen und das Bündel 20 Minuten auf niedriger Flamme schmoren.

4. In der Zwischenzeit die Pfifferlinge putzen, den unteren Teil der Stiele abschneiden und die Pilze in einem Topf in 30 g Butter anbraten. Pfeffern und 5 Minuten auf kleiner Flamme weiter braten. Die abgetropften Herbsttrompeten und die Pfifferlinge in den Schmortopf geben und noch 5 Minuten mitschmoren. Den eingewickelten Seeteufel in dicke Scheiben schneiden und mit Pilzen anrichten.

GUT ZU WISSEN: Wenn sie das Wasser, in dem die Herbsttrompeten eingeweicht wurden, nicht wegschütten, können Sie die Hälfte davon zusätzlich an den Seeteufelbraten gießen, um der Sauce ein noch intensiveres Aroma zu verleihen.

BLINI-MILLE-FEUILLES
mit Räucherlachs

Zubereitung: 20 Min.
Ruhezeit: 1 Std.
Backzeit: 10 Min.

FÜR 6 PERSONEN

- 1 Ei
- 1 Bulgarischer Joghurt (z. B. Bulgaria Joghurt)
- 60 g Mehl
- 1/2 Päckchen Backpulver
- 1 TL Olivenöl
- 1 Bund Dill
- 400 g Räucherlachs
- 200 ml gut gekühlte Schlagsahne
- 1 EL Meerrettich, frisch gerieben
- Salz

1. Das Ei in einer kleinen Schüssel aufschlagen. Die Joghurt, das Ei, Mehl und Backpulver in einer Rührschüssel mischen und mit einer Prise Salz würzen. Eine Stunde im Kühlschrank ruhen lassen.

2. Das Olivenöl in einer beschichteten Pfanne heiß werden lassen. Eine kleine Portion Teig in das heiße Öl geben. Sobald der Teig Bläschen schlägt, etwas Dill darüberstreuen, Blini wenden und goldbraun braten. Diesen Vorgang wiederholen, bis die Teigmenge aufgebraucht ist.

3. Die Mille-feuilles anrichten. Dazu die Blini übereinander- und jeweils eine Scheibe Räucherlachs dazwischenlegen. Die Sahne steif schlagen und den Meerrettich unterheben.

4. Die Mille-feuilles mit dem Sahnemeerrettich servieren.

TOURNEDOS
Rossini

Zubereitung:
Bratzeit: ca. 55 Min.
Ruhezeit: 1 Tag

FÜR 4 PERSONEN

- 4 Scheiben Honigkuchen (Frühstückskuchen)
- 100 g Butter (50 + 20 + 30)
- 3 EL Traubenkernöl
- 2 TL gekörnte Kalbsbrühe
- 1 EL Birnenbrand
- 20 g grüner Pfeffer
- 4 Scheiben Rinderfilet, à 150 g
- 4 Scheiben Foie gras, je 50 g
- einige Stängel Kerbel
- Salz und Pfeffer

Für die Birnen in Sirup

- 4 Birnen
- 2 Zitronen (1 + 1)
- 500 g Zucker
- 1 Vanilleschote

1. Die Birnen am Vorabend zubereiten. Dazu die Früchte schälen und mit dem Saft einer Zitrone beträufeln. Mit dem Zucker, der halbierten Vanilleschote, dem Saft der zweiten Zitrone und einem Liter Wasser in einen Topf geben. Zum Kochen bringen und 30 Minuten auf kleiner Flamme köcheln. Die Birnen im Sirup erkalten lassen.

2. Am nächsten Tag den Backofen auf 100 °C vorheizen. Die Birnen aus dem Sirup nehmen, abtropfen lassen und halbieren. Den Honigkuchen grob würfeln und mit 50 g Butter 5 Minuten in der Pfanne rundherum rösten. In derselben Pfanne die Birnenhälften mit dem Traubenkernöl 5 Minuten von allen Seiten anbraten. Im Ofen warmhalten.

3. Wiederum in derselben Pfanne 20 g Butter schmelzen, die gekörnte Kalbsbrühe und 5 EL Wasser angießen und mit einem Holzlöffel den Bratenfond vom Pfannenboden lösen. Den Birnenbrand und grünen Pfeffer hinzufügen und 4 Minuten köcheln lassen.

4. In einer anderen Pfanne 30 g Butter erhitzen und die Tournedos 3 Minuten von beiden Seiten braten. Salzen, pfeffern und auf einen Teller legen. Mit Alufolie bedecken und im Backofen warmhalten. Die Foie-gras-Scheiben in einer beschichteten Pfanne ohne Fett 2 Minuten von jeder Seite braten.

5. Auf jedem Teller ein Filetsteak mit einer Scheibe Foie gras belegen, die gerösteten Gewürzkuchenwürfel und jeweils 2 Birnenhälften mit etwas Sauce anrichten. Mit Kerbel bestreuen und sofort servieren.

GEBRATENE ENTENBRUST
mit Süßkartoffeln und Früchten

Zubereitung: 25 Min.
Marinierzeit: 2 bis 12 Std.
Bratzeit: 25 Min.

FÜR 6 BIS 8 PERSONEN

- 2 Entenbrüste, je ca. 400 g
- 500 ml Saft von roten Früchten
- 500 g Süßkartoffeln
- 100 g Preiselbeeren
- 4 Äpfel
- Saft von 1 Zitrone
- 30 g Butter
- einige Johannisbeer-Rispen zur Dekoration (nach Belieben)
- Salz und Pfeffer

Für die schnelle Konfitüre

- 200 g rote Früchte, tiefgekühlt
- 80 g Zucker
- Zesten und Saft von 1 Orange

1. Am Vorabend die beiden Entenbrüste mit der Haut nach außen übereinanderbinden wie für einen Rollbraten. Den Saft von roten Früchten pfeffern und den Braten mindestens 2 Stunden (am besten über Nacht) darin marinieren. Von Zeit zu Zeit wenden.

2. Am nächsten Tag die Süßkartoffeln schälen und in grobe Würfel schneiden. 10 Minuten im kochenden Salzwasser kochen und abgießen.

3. Die Konfitüre zubereiten. Dazu die noch tiefgekühlten Früchte mit Zucker, den Zesten und dem Saft der Orange in einen Topf geben. Auf mittlerer Flamme 15 Minuten kochen, bis die Flüssigkeit verdampft ist und die Konfitüre andickt.

4. Den Backofen auf 250 °C vorheizen. Die Äpfel schälen (bei Bio-Ware ungeschält verwenden), entkernen, vierteln, die Viertel mit Zitronensaft beträufeln, damit sie nicht braun anlaufen. Den Entenbrustbraten in eine Bratenform legen und 250 ml der Marinade angießen und die Preiselbeeren hineingeben. Die Butter in Würfeln hinzugeben, salzen und pfeffern. Das Ganze 15 Minuten im Ofen braten. Dabei immer wieder mit dem Bratenfond begießen. Wenn nötig, noch etwas Marinade nachfüllen. Der Braten sollte immer in reichlich Sauce liegen. Nach 15 Minuten den Braten aus dem Ofen nehmen und in Alufolie wickeln. Die Äpfel und Süßkartoffeln in die Form füllen und 10 Minuten in der Sauce ziehen lassen.

5. Den Entenbrustbraten auf einer Servierplatte mit Süßkartoffeln und Äpfeln anrichten. Die Sauce und die Konfitüte in separaten Schüsselchen reichen.

REHBRATEN
mit Esskastanien und Schokoladensauce

Vorbereitung: 30 Min.
Bratzeit: ca. 40 Min.

FÜR 6 BIS 8 PERSONEN

- 1 kg geschälte Esskastanien, tiefgekühlt oder im Glas
- 5 EL Traubenkernöl (3 + 2)
- 3 Schalotten
- 200 ml Weißwein (100 + 100)
- 1 Rehbraten (Rehfleisch, ca. 1,4 kg)
- 50 g Butter (30 + 20)
- 2 EL Armagnac (Weinbrand)
- 50 g dunkle Schokolade
- einige Thymianzweige
- 150 g rote Beerenfrüchte (Himbeeren, Brombeeren) zur Dekoration
- 6 Marons glacés (kandierte Maronen s. S. 72)
- Salz und Pfeffer

1. Tiefgekühlte Esskastanien auftauen. Mit 3 EL Traubenkernöl in einen Topf geben. Schalotten schälen, fein hacken und ebenfalls in den Topf geben. Salzen, pfeffern und 100 ml Weißwein angießen. 20 Minuten auf kleiner Flamme dünsten.

2. Den Backofen auf 100 °C vorheizen. Während die Maronen garen, den Braten salzen und pfeffern. In einem gusseisernen Schmortopf 2 EL Öl mit 30 g Butter erhitzen. Den Braten darin von allen Seiten etwa 30 Minuten anbraten. Aus dem Schmortopf nehmen, in Alufolie wickeln und im Backofen warmhalten.

3. Mit dem Armagnac den Fond im Schmortopf ablöschen. 100 ml Weißwein und die in Stücke gehackte Schokolade hinzugeben. Gut umrühren. Ist die Schokolade geschmolzen, 20 g Butter, Thymian und Pfeffer hinzufügen. Die Sauce ebenfalls warmhalten.

4. Den Braten auf einer Platte mit roten Beerenfrüchten, den gedünsteten Esskastanien und den Marons glacés anrichten. Die Sauce separat reichen.

TIPP: Das zarte und saftige Rehfleisch muss nicht mariniert werden und sollte nach der Bratzeit innen noch rosa sein. Möchte man den Braten besonders edel anrichten, die Marons glacés mit kleinen Blattgoldstückchen für Lebensmittel dekorieren.

GLASIERTE LAMMKOTELETTS
mit Balsamico und Granatapfelkernen

Zubereitung: 5 Min.
Bratzeit: 5 Min.

FÜR 6 PERSONEN

- 2 EL Olivenöl
- 12 Lammkoteletts
- 50 g Mandelblätter
- 60 ml Balsamico-Essig
- 1/2 Granatapfel

1. Olivenöl in einer Pfanne erhitzen und die Lammkoteletts 2 Minuten auf jeder Seite darin scharf anbraten. Aus der Pfanne nehmen und ruhen lassen.

2. In derselben Pfanne die Mandelblätter anrösten, mit 2 EL Wasser und Balsamico ablöschen. Die Flüssigkeit einkochen lassen und die Lammkoteletts mit diesem Jus überziehen.

3. Sofort mit Granatapfelkernen garnieren und servieren.

PUTE MIT MARONEN
und Cidre

Zubereitung: 45 Min.
Bratzeit: 2 Std.

FÜR 6 BIS 8 PERSONEN

- 200 g Maronen (Esskastanien) tiefgekühlt, vakuum-verpackt oder aus der Dose
- 1 Pute, ca. 3,5 kg
- 3 EL Traubenkernöl
- 4 Schalotten
- 40 g Butter
- 500 ml trockener Cidre (brut) (200 + 300)
- 300 ml Geflügelbrühe
- 25 g Speisestärke, in 6 EL kaltem Wasser aufgelöst
- 50 g Crème fraîche
- Salz und Pfeffer

1. Backofen auf 180 °C vorheizen. Tiefgekühlte Maronen auftauen.

2. In einem großen Kochtopf Salzwasser zum Kochen bringen. Die Pute in das sprudelnde Wasser geben und auf kleiner Flamme 15 Minuten köcheln. Herausnehmen, abtrocknen und in eine große Bratform legen. Die Pute salzen, pfeffern und mit dem Traubenkernöl einreiben.

3. Die Schalotten schälen und in einem Kochtopf unzerteilt mit der Butter 5 Minuten leicht bräunen. Maronen hinzugeben, salzen und pfeffern. 200 ml Cidre angießen und alles 30 Minuten auf kleiner Flamme dünsten.

4. In der Zwischenzeit die Pute 2 Stunden im Ofen braten. Während des Bratvorgangs regelmäßig Cidre angießen. In der Bratform sollte immer ausreichend Flüssigkeit vorhanden sein.

5. Nach 1 Stunde 30 Minuten Bratzeit die Maronen aus dem Topf nehmen und neben die Pute in die Bratform legen. Den Kastanienfond in dem Topf mit Geflügelbrühe ablöschen, 5 Minuten aufkochen. Die Speisestärke in etwas Flüssigkeit auflösen und kräftig mit dem Schneebesen einrühren. Die Crème fraîche unterheben und die Sauce 15 Minuten auf kleiner Flamme köcheln lassen.

6. Die Pute im Ganzen auf einer Servierplatte mit den Maronen anrichten. Die Sauce separat reichen. Dazu schmeckt Selleriepüree mit Trüffeln (siehe Seite 24).

KAPAUN
mit weihnachtlichen Gewürzen

Zubereitung: 45 Min.
Bratzeit: 2 Std. 20 Min.

FÜR 6 BIS 8 PERSONEN

- 1 Kapaun (Masthahn) von 3 kg
- 4 EL Olivenöl (2 + 2)
- 3 EL Viergewürz (s. S. 72)
- 500 ml Weißwein (250 + 250)
- 5 Äpfel
- Saft von 1 Zitrone
- 1 Ananas
- 2 Zimtstangen oder 2 EL Zimtpulver
- 2 Sternanis
- Physalis und Johannisbeeren zur Dekoration (nach Belieben)
- Salz und Pfeffer

1. Den Backofen auf 190 °C vorheizen. In einem großen Schmortopf Salzwasser zum Kochen bringen. Den Kapaun in sprudelndes Wasser geben und 20 Minuten auf kleiner Flamme kochen. Herausnehmen und abtropfen.

2. Den Kapaun kräftig mit 2 EL Öl einreiben und mit dem Viergewürz bestäuben. In eine große Bratenform legen, die Hälfte des Weißweins angießen und die Form für 2 Stunden in den Ofen schieben. Während der Bratzeit den Kapaun regelmäßig mit dem restlichen Weißwein begießen.

3. Während der Masthahn im Backofen brät, die Äpfel schälen, würfeln und mit Zitronensaft beträufeln. Die Ananas gründlich schälen, in dicke Scheiben schneiden, den harten Strunk aus der Mitte entfernen und jede Scheibe grob würfeln.

4. Ungefähr 30 Minuten vor Ende der Bratzeit den restlichen Weißwein in die Bratform gießen, die Apfel- und Ananaswürfel, Zimtstangen und Sternanis einfüllen. Weiterbraten und dabei den Kapaun regelmäßig mit seinem Bratfond begießen.

5. Den Kapaun im Ganzen, umgeben von den Früchten, servieren. Eventuell mit Physalis und Johannisbeer-Rispen garnieren.

TIPP: Statt mit Früchten kann das Geflügel auch mit Maronen- und Selleriepüree serviert werden.

WEISSE TRÜFFELPRALINEN
MIT KOKOSRASPELN

Zubereitung insgesamt: 30 Min. - Kühlung: 2 Std.
FÜR 25 PRALINEN

• 240 g weiße Schokolade • 100 ml Sahne
• 100 g Kokosraspeln

1. Die Schokolade raspeln. In einem Stieltopf die Sahne aufkochen und vom Herd nehmen. Die Schokolade mit einem Holzlöffel einrühren. Die entstandene Ganache in eine Rührschüssel umfüllen und diese mindestens 2 Stunden in den Kühlschrank stellen.

2. Mit einem Teelöffel kleine Portionen aus der gekühlten Masse ausstechen, zu Kugeln formen und in Kokosraspeln wenden. In einen luftdicht verschließbaren Behälter legen und bis zum Verzehr kalt stellen..

WEISSE TRÜFFELPRALINEN
MIT RUM

Zubereitung insgesamt: 30 Min. - Kühlung: 2 Std.
FÜR 25 PRALINEN

• 240 g weiße Schokolade • 100 ml Sahne
• 2 EL Rum • 100 g Sesam
• 50 g Mohnsamen

1. Die Schokolade raspeln. In einem Stieltopf die Sahne aufkochen und vom Herd nehmen. Schokolade mit einem Holzlöffel einrühren. Rum angießen. Diese Ganache in eine Rührschüssel füllen und mindestens 2 Stunden in den Kühlschrank stellen.

2. Mit einem Teelöffel kleine Kugeln aus der kalten Ganache formen und in Sesam und Mohn wenden. Die Trüffel in eine luftdicht verschließbare Box legen und bis zum Verzehr kühl lagern.

DUNKLE TRÜFFELPRALINEN

Zubereitung insgesamt: 30 Min. · Kühlung: 2 Std.
FÜR 25 PRALINEN

• 160 g zartbittere Kuvertüre • 130 ml Sahne •
• 50 g Kakaopulver

1. Die Schokolade raspeln. In einem Stieltopf die Sahne aufkochen, vom Herd nehmen und die Schokolade mit einem Holzlöffel kräftig einrühren und auflösen. Die so entstandene Ganache in eine Rührschüssel geben und mindestens 2 Stunden im Kühlschrank kalt stellen.

2. Mit einem Kaffeelöffel Schokoladenmasse ausstechen, kleine Kugeln formen und in Kakaopulver wälzen. Die Trüffelkugeln in einen luftdicht verschließbaren Behälter legen und bis zum Verzehr im Kühlschrank lagern.

DUNKLE TRÜFFELPRALINEN
MIT PFEFFER

Zubereitung insgesamt: 30 Min. · Kühlung: 2 Std.
FÜR 25 PRALINEN

• 160 g Zartbitter-Kuvertüre • 130 ml flüssige Sahne •
• 5 g frisch gemahlener Schwarzer Pfeffer •
• 1 EL Piment-d'Espelette-Pulver (s. S. 72) • 50 g Kakaopulver •
• rosa Pfefferkörner

1. Die Schokolade raspeln. In einem Stieltopf die Sahne mit Pfeffer und Piment aufkochen. Kurz vor Siedetemperatur vom Herd nehmen. Etwas ziehen lassen, durch ein Sieb geben und die Schokolade sofort einrühren. Die Ganache für mindestens 2 Stunden in den Kühlschrank stellen.

2. Mit Hilfe eines Kaffeelöffels kleine Kugeln aus der kalten Ganache formen und in Kakaopulver wälzen. In jede Trüffelpraline ein Rosa-Pfeffer-Korn drücken, um sie von anderen schwarzen Trüffeln zu unterscheiden. Die Trüffel in eine luftdicht verschließbare Box füllen und bis zum Verzehr im Kühlschrank vorhalten.

BÛCHE GLACÉE

geeister Biskuit-Kastenkuchen

Zubereitung: 30 Min.
Gefrierzeit: 8 Std.

FÜR 4 BIS 6 PERSONEN

- 1 l Ananassorbet
- 150 g frische Ananas
- 20 g Butter
- 40 g Vollrohrzucker
- 50 ml Kokosmilch
- 120 g einfacher Kasten-Rührkuchen oder Rührkuchen mit Joghurt
- 1 Eiweiß
- 2 EL Zucker
- 1 gehäufter EL Puderzucker

1. Ananassorbet aus dem Gefrierfach nehmen und leicht antauen lassen. Das frische Ananasfleisch würfeln. In einer Pfanne mit der Butter 2 Minuten sanft anbraten. Den Vollrohrzucker hinzugeben, karamellisieren, vom Herd nehmen und die Kokosmilch einrühren. Den Kastenkuchen in kleine Würfel schneiden und in das Ananas-Karamell in der Pfanne geben. Gut mischen und erkalten lassen.

2. Eine Kastenform (20 cm x 8 cm) oder eine Porzellan-Terrine mit Lebensmittelfolie auskleiden. Das Sorbet in die Form geben und fest andrücken, damit keine Luftblasen entstehen. Mit dem Löffelrücken in die Mitte der Eismasse der Länge nach eine Furche ziehen. Mit der Ananas-Biskuit-Mischung befüllen und eine Schicht der Mischung über die ganze Oberfläche des Sorbets geben, gut andrücken und glatt streichen. Die Form mindestens 6 Stunden ins Gefrierfach stellen und durchkühlen lassen.

3. Das Eiweiß sehr steif schlagen. Den Streuzucker und den Puderzucker unterheben. Weitere 3 Minuten schlagen. Den geeisten Kastenkuchen aus dem Gefrierfach nehmen und vorsichtig auf eine Platte stürzen. Mit der Baisermasse bestreichen und weitere 2 Stunden ins Gefrierfach stellen. Kurz vor dem Servieren die Baiserschicht leicht mit dem Küchen-Lötbrenner abflämmen.

MINI-RÜHRTEIGROLLEN
Birne-Spekulatius

Zubereitung: 45 Min.
Kühlzeit: 12 Std.
Kochzeit: 10 Min.

FÜR 4 PERSONEN

Für den Rührteig
- 80 g weiche Butter
- 80 g brauner Zucker
- 80 g Mehl
- 8 Karamellkekse (z. B. Lotus)
- 2 Eier

Für die Mousse
- 350 g Birnen in Sirup, abgetropft
- 1 EL flüssiger Honig
- 100 g Zucker
- 4 g Agar-Agar
- 250 ml kalte Schlagsahne

Für die Deko
- 100 g Milchkaramell (s. S. 72)

1. Den Rührteigboden zubereiten. Dazu den Backofen auf 180 °C vorheizen. In einer Rührschüssel Butter, Zucker, Mehl und die zerstoßenen Karamellkekse mischen. Die Eier hinzugeben und alles zu einem glatten Teig verrühren. Auf ein mit Backpapier belegtes Blech mit einem Küchenspatel 1 cm dick ein Teig-Rechteck entsprechend einer Kastenform von 20 cm x 8 cm oder entsprechend der Größe von 2 halbrunden Kastenformen (Rehrückenformen) streichen. 10 Minuten im Ofen backen.

2. Für die Mousse 2 der geschälten, entkernten Birnenhälften in Scheiben schneiden und in einer Pfanne in Honig leicht karamellisieren. Die restlichen Birnen pürieren. Diese sollten 300 ml Püree ergeben. Das Birnenpüree mit dem Zucker und Agar-Agar erhitzen. Unter regelmäßigem Rühren erkalten lassen. Die Sahne steif schlagen. Locker mit dem Spatel unter das erkaltete Birnenpüree heben. Zum Schluss noch kurz mit dem Handmixer einmal durchrühren, um die Masse zu glätten.

3. Die Rührteigrollen zusammenstellen. Dazu die Kastenform (oder 2 halbrunde Kastenformen) mit Lebensmittelfolie auskleiden. Den Boden mit den Birnenscheiben dicht an dicht belegen. Die Mousse darübergeben und alles mit dem gebackenen Rührteigrechteck abdecken. Die Form 12 Stunden im Kühlschrank durchkühlen lassen.

4. Die Form kurz über heißen Wasserdampf halten, dann den Kuchen vorsichtig stürzen. Das Milchkaramell erwärmen, bis es flüssig wird, und den Kuchen damit überziehen. Bis zum Verzehr erneut kaltstellen.

BRANDTEIG-RÖLLCHEN
mit Cremefüllung

Zubereitung: 1 Std.
Kühlzeit: 4 Std.
Backzeit: ca. 30 Min.

FÜR 4 BIS 6 PERSONEN

Für die Cremefüllung

- 400 ml Milch
- 1 Vanilleschote
- 1 Ei + 2 Eigelbe
- 90 g Zucker
- 40 g Mehl
- 120 g weiche Butter

Für den süßen Teig

- 200 ml Milch
- 1 EL Zucker
- 90 g Butter
- 150 g Mehl
- 4 große Eier + 1 Eigelb

Für den Karamell

- 100 g Zucker

1. Für die Creme die Milch mit der aufgeschnittenen Vanilleschote und dem ausgekratzten Mark aufkochen. Das Ei und die Eigelbe mit dem Zucker schaumig rühren. Mehl unter kräftigem Schlagen hinzugeben und die kochend heiße Milch einrühren. Alles zusammen in den Kochtopf zurückgießen und 3 Minuten unter weiterem Rühren aufkochen. Die Creme in eine Schüssel füllen, abkühlen lassen und nach und nach die weiche Butter einarbeiten. Die Creme mindestens für 4 Stunden in den Kühlschrank stellen, damit sie fest wird.

2. Für den Brandteig den Backofen auf 180 °C vorheizen. Die Milch mit dem Zucker und den Butterstückchen aufkochen. Vom Herd nehmen und das Mehl auf einmal hinzugeben. Unter kräftigem Rühren bei mittlerer Hitze 3 Minuten „abbrennen". Auf Zimmertemperatur abkühlen lassen und nacheinander die 4 Eier einarbeiten. Den Teig in einen Spritzbeutel mit glatter Tülle füllen und auf ein mit Backpapier ausgelegtes Backblech ungefähr 20 cm lange Stränge spritzen. Mit Eigelb bestreichen und 20 Minuten backen. Während der Backzeit die Backofentür geschlossen halten!

3. Die Brandteigrollen kalt werden lassen. Die Enden abschneiden und mit einer Spritztüte und glatter Tülle die Creme in die Röllchen füllen. Die Röllchen übereinander stapeln, indem man sie mit etwas Creme verbindet. Kalt stellen.

4. Für den Karamell den Zucker mit 50 ml Wasser 5 bis 8 Minuten vorsichtig erhitzen, bis ein klares Karamell entsteht. Dann den Topfboden sofort in kaltes Wasser halten und abkühlen. Die übereinander gestapelten Röllchen vorsichtig mit Karamellfäden umwickeln. Vor dem Verzehr an einem kalten Ort, aber nicht im Kühlschrank, aufbewahren.

KNUSPRIGE BLÄTTERTEIGSCHNITTEN
mit Cremefüllung

Zubereitung:1 Std.
Backzeit: ca. 25 Min.
Kühlzeit: 4 Std.

FÜR 4 PERSONEN

• 350 g Blätterteig
(vom Bäcker oder tiefgekühlt)

• 90 g Zucker (40 + 50)r

Für die Creme

• 250 ml Milch

• 1 Vanilleschote

• 1 Ei + 1 Eigelb

• 30 g Mehl

• 60 g weiche Butter

• Silberne Liebesperlen
zum Garnieren

1. Den Backofen auf 180 °C vorheizen. Den Blätterteig 3 mm dick zu einem Rechteck ausrollen. Auf ein mit Backpapier ausgelegtes Backblech legen. Mit 40 g Zucker bestreuen, mit Backpapier bedecken und mit einem zweiten Backblech beschweren, damit der Teig beim Backen flach bleibt. 20 Minuten backen. Erkalten lassen und anschließend vorsichtig in 8 Quadrate von 10 x 10 cm aufschneiden.

2. Für die Creme in einem Stieltopf die Milch mit dem ausgekratzten Mark einer Vanilleschote aufkochen. Das ganze Ei und das Eigelb in einer Schüssel zusammen mit dem restlichen Zucker kräftig aufschlagen. Das Mehl unter Rühren hinzugeben und die kochende Milch mit dem Schneebesen einarbeiten. Die Masse in den Stieltopf zurückfüllen und 3 Minuten unter Rühren aufkochen. Die Creme abkühlen lassen und anschließend die weiche Butter kräftig einrühren.

3. Für die Dekoration der Blätterteigschnitten 3 EL Creme vorhalten. Den Rest auf 4 Teigquadrate verteilen. Die übrigen 4 Teigplatten darüber decken, leicht andrücken und die Ränder glattstreichen. Die Cremeschnitten 4 Stunden in den Kühlschrank stellen. Mit der vorgehaltenen Creme die einzelnen Schnitten verbinden. Mit silbernen Liebesperlen dekorieren. Noch am selben Tag mit Vanillesauce servieren.

TIPP: Das Dessert sollte am Tag des Essens zubereitet werden, denn es wird weich, wenn man es längere Zeit im Kühlschrank aufbewahrt.

WEIHNACHTS-BAUMSTAMM
mit geeister Capuccino-Füllung

Zubereitung: 45 Min.
Backzeit: 10 Min.
Gefrierzeit: 5 Std.

FÜR 4 BIS 6 PERSONEN

• 1 l Kaffee-Eis

Für den Biskuit
• 2 Eier
• 75 g Zucker
• 1 Prise Backpulver
• 60 g Mehl
• 6 Karamellkekse (z. B. Lotus)
• 1 EL löslicher Kaffee (Instant-Kaffee)

Für das Baiser
• 2 Eiweiß
• 2 EL Zucker
• 1 gehäufter EL Puderzucker

1. Zubereitung des Biskuits: Den Backofen auf 180 °C vorheizen. Die Eier mit dem Zucker in einer Rührschüssel 4 Minuten kräftig aufschlagen. Das Backpulver, das gesiebte Mehl, die fein zerstoßenen Karamellkekse und den löslichen Kaffee hinzufügen. Sanft zu einem Teig verarbeiten und diesen 4 oder 5 mm dick auf einem mit Backpapier ausgelegten Backblech ausrollen. Auf mittlerer Schiene 10 Minuten backen. Den Biskuitteig vom Backpapier lösen, aber nicht aufrollen. Erkalten lassen. Anschließend daraus ein Rechteck in der Größe der halbrunden Rehrücken- oder Kastenform und zwei oder drei Streifen der entsprechenden Länge, 2 cm breit, zuschneiden.

2. Um einen Weihnachs-Baumstamm zusammenzustellen, das Eis aus dem Gefrierfach nehmen und leicht antauen. Die Rehrücken-Form mit Lebensmittelfolie auskleiden. Zur Hälfte mit dem Eis befüllen und dieses an den Seiten und Enden leicht hochstreichen. Die Biskuitstreifen in einem Abstand von 2 cm voneinander auf die Eismasse legen und mit dem restlichen Eis bedecken. Mit dem großen Rechteck aus Biskuitteig abdecken. Für 2 Stunden in den Kühlschrank stellen.

3. Für das Baiser Eiweiß zu steifem Schnee schlagen. Zucker einstreuen, den Puderzucker darüber sieben und erneut 4 oder 5 Minuten zu einer glatten Baisermasse aufschlagen. Den Weihnachts-Baumstamm aus der Form stürzen. Die Baisermasse in eine Spritztüte mit gezackter Tülle füllen und den Kuchen damit verzieren. Für mindestens 3 Stunden erneut in den Kühlschrank stellen.

4. Kurz vor dem Servieren die Baiserschicht mit einem Küchenbrenner abflämmen. Die Bûche mit Schokoladensauce oder einer Englischen Creme (s. S. 72) servieren, bei der die übliche Vanille durch löslichen Kaffee ersetzt werden kann.

MINI-KNUSPER-WINDBEUTEL

Zubereitung: 1 Std.
Backzeit: 50 Min.

ERGIBT 4 EINHEITEN

Für den Brandteig

- 50 ml Milch
- 1 gehäufter TL Zucker
- 1 Prise Salz
- 75 g Butter
- 90 g Mehl
- 3 Eier

Für die Vanillecreme

- 300ml Milch
- 1 Vanilleschote
- 1 Ei + 1 Eigelb
- 70 g Zucker
- 30 g Speisestärke
- 100 ml Schlagsahne

Für den Krokant

- 150 g Zucker
- 20 g Butter
- 100 g gehackte Mandeln

Für das Karamell

- 80 g Zucker
- 1 EL Traubenzucker

1. Backofen auf 180 °C vorheizen. Ein Backblech mit Backpapier auslegen. Den Brandteig nach Rezept auf Seite 54 zubereiten. Den Teig in einen Spritzbeutel mit einer Tülle (20 mm) füllen und 16 Häufchen von 3 cm Durchmesser auf das Backblech spritzen. 25 bis 30 Minuten backen.

2. Für die Vanillecreme in einem Kochtopf die Milch mit der ausgekratzten Vanilleschote und dem Mark zum Kochen bringen. In einer Rührschüssel das ganze Ei und das Eigelb mit Zucker zu einer weißlichen Masse aufschlagen. Die Speisestärke einrühren und die heiße Milch (ohne Vanilleschote) mit dem Schneebesen kräftig einarbeiten. Diese Masse in den Kochtopf zurückfüllen und 4 Minuten bei mittlerer Hitze unter Rühren köcheln lassen. Die Creme in eine Schüssel füllen, mit Lebensmittelfolie abdecken und kalt werden lassen. Die Sahne steif schlagen und unter die Creme heben. Die Creme bis zur Weiterverwendung mit Lebensmittelfolie bedeckt kalt stellen.

3. Für den Krokant: Zucker mit 1 EL Wasser bei mittlerer Hitze 10 Minuten vorsichtig hellbraun karamellisieren. Vom Herd nehmen und Butterstückchen und gehackte Mandeln hinzugeben. Alles mischen und bei mittlerer Hitze 5 Minuten durchrühren. Den Krokant auf ein Backpapier streichen und 5 Minuten leicht abkühlen lassen. Mit einem geölten Teigroller 4 mm dick ausrollen. 4 runde Formen von 15 cm Durchmesser mit einem umgekehrten Glas oder einem Ausstecher ausstechen. Mit einer Messerspitze ein Loch in die Windbeutel stechen und mit Hilfe einer Spritztüte mit Creme befüllen.

4. Für das Karamell Zucker und Traubenzucker 8 bis 10 Minuten bei mittlerer Hitze karamellisieren. Wenn das Karamell klar und hellbraun ist, den Topfboden schnell in kaltem Wasser abkühlen. Die Windbeutel mit der oberen Hälfte kurz in das Karamell tauchen. Jeweils drei Windbeutel auf einen Krokantboden und einen vierten oben auf diese drei schichten.

CHARLOTTE MIT MACARONS

und Passionsfrüchten

Zubereitung: 30 Min.
Kühlzeit: 6 Std.

FÜR 4 PERSONEN

- 4 Blätter Gelatine
- 10 bis 12 große Passionsfrüchte
- 100 g Zucker
- 100 ml Mangopüree
(im indischen Lebensmittelladen
oder im Internet)
- 200 ml gut gekühlte Schlagsahne
- 24 unterschiedlich gefüllte und
gefärbte Macarons

Zur Dekoration

- 50 ml gut gekühlte Schlagsahne

1. Die Gelatineblätter in einer Schüssel mit kaltem Wasser einweichen.

2. Die Passionsfrüchte halbieren, mit einem Löffel das Fruchtfleisch und den Saft (insgesamt sollte dies eine Menge von 250 bis 300 ml ergeben) auslösen. Die Masse in einem Stieltopf mit dem Zucker erhitzen. Das Mangopüree und die ausgedrückten Gelatineblätter hinzugeben und auf kleiner Flamme gut durchrühren, bis sich die Gelatine vollständig aufgelöst hat.

3. Die Sahne steif schlagen. Die Macarons einzeln auseinandernehmen und die Innenseite einer Charlottenform von 14 cm Durchmesser mit den Macaronhälften auskleiden. Die gewölbte Seite der Macaronhälften muss dabei zum Rand der Form zeigen.

4. Die Schlagsahne unter die erkaltete Passionsfruchtmischung heben. Die Fruchtcreme in die Charlottenform füllen. Mindestens 6 Stunden in den Kühlschrank stellen.

5. Kurz vor dem Servieren die Form in warmes Wasser tauchen und die Charlotte vorsichtig auf eine Platte stürzen. Anschließend die Sahne steif schlagen, in eine Spritztüte mit gezackter Tülle füllen, die Charlotte damit verzieren und sofort servieren.

OMELETTE SURPRISE

Zubereitung: 40 Min
Backzeit: ca. 20 Min.
Gefrierzeit: 1 Std.

FÜR 6 PERSONEN

• 500 ml Vanilleeis

Für den Biskuitteig

• 3 Eier

• 60 g Zucker (30 + 30)

• 1 Päckchen Vanillezucker

• 20 g Mehl

• 30 g Kartoffelstärke

Für den Sirup

• 50 g Zucker

• 1 Vanilleschote

Für das Baiser

• 250 g Zucker

• 4 Eiweiß

1. Für das Biskuit den Backofen auf 200 °C. vorheizen. Eier trennen. Die Eigelbe in einer Schüssel mit der Hälfte des Zuckers und dem Vanillezucker schaumig schlagen. Mehl und Kartoffelstärke mit dem Schneebesen kräftig einarbeiten, bis ein glatter Teig entsteht. In einer zweiten Schüssel das Eiweiß mit dem Handmixer steif schlagen. Sobald das Eiweiß fest zu werden beginnt, den restlichen Zucker hinzugeben, dann die Eischneemasse vorsichtig unter den Teig heben. Eine hohe Kastenform 20 x 30 cm mit Butter einfetten und den Teig einfüllen. 15 Minuten im Ofen backen.

2. In der Zwischenzeit den Sirup zubereiten. Dazu 100 ml Wasser mit Zucker aufkochen. Die aufgeschnittene Vanilleschote und das ausgekratzte Mark hinzufügen und 2 bis 3 Minuten kochen lassen. Abkühlen.

3. Das Eis aus dem Gefrierfach nehmen und etwas antauen lassen. Eine Kastenform von 17 cm Länge mit Lebensmittelfolie auskleiden. Das gebackene Biskuit abkühlen lassen. Anschließend den Maßen der Kastenform entsprechend in drei Lagen aufschneiden. Eine Biskuitlage in die Form legen, mit einem Drittel des Sirups anfeuchten und die Hälfte Vanilleeis darüber verteilen. Die zweite Biskuitlage darüber decken, mit Sirup beträufeln, das restliche Eis darübergeben und mit der letzten Biskuitlage und dem restlichen Sirup abschließen. 1 Stunde im Gefrierfach fest werden lassen.

4. Für das Baiser Zucker und 80 ml Wasser in einem Topf erhitzen, bis eine sirupähnliche Masse entsteht. Eiweiß steif schlagen. Wenn der Schnee fest zu werden beginnt, den Sirup tropfenweise hinzugeben und weiter schlagen, bis die Masse abkühlt. Den Kuchen aus der Form stürzen und mit einem Küchenspachtel oder einer Spritztüte mit Tülle mit Baiser überziehen. Die Baisermasse mit einem Küchenbrenner anflämmen oder das Omelette surprise einige Sekunden unter den Backofengrill stellen. Sofort servieren.

BAISER-TORTE
mit Schokolade und Haselnüssen

Zubereitung: 40 Min.
Backzeit: 4 Std.
Kühlzeit: 1 Std.

FÜR 6 PERSONEN

Für das Baiser

- 5 Eiweiß
- 250 g Zucker
- 100 g Haselnüsse, geröstet und gehackt

Für die Ganache

- 300 g Zartbitter-Schokolade oder Milchschokolade
- 150 ml Schlagsahne
- Kuchendekoration: Knusper-Schokokugeln oder -perlen

1. Für das Baiser in einem großen Topf Wasser für ein Wasserbad erhitzen. In einer Metallschüssel Eiweiß und Zucker aufschlagen. In das heiße Wasser hängen und die Eiweißmasse mit dem Handmixer schlagen, bis ein lauwarmes, glänzendes Baiser entsteht. Die Schüssel vom Wasserbad nehmen und weiter schlagen, bis die Masse abkühlt, steif und glatt wird.

2. Den Backofen auf 100 °C vorheizen. Ein Backblech mit Backpapier auslegen und 2 Kreise von je 20 cm Durchmesser aufzeichnen. Mit einer Spritztüte mit ungezackter Tülle die Baisermasse spiralförmig in die Kreise spritzen, so dass zwei runde Teigböden entstehen. Die gehackten Nüsse darüber streuen und 4 Stunden in den Ofen schieben. Nach Ende der Backzeit im ausgeschalteten Backofen bei halb geöffneter Backofentür abkühlen lassen.

3. In der Zwischenzeit die Ganache zubereiten. Im Wasserbad die Schokolade in der flüssigen Sahne schmelzen und zu einer glatten Ganache verrühren. Abkühlen lassen und 1 Stunde in den Kühlschrank stellen. Anschließend wie Schlagsahne aufschlagen, bis die Creme hell und locker wird. Die Ganache auf einen Baiserboden streichen und die zweite Baiserscheibe darüber decken. Vor dem Servieren mit Schokoperlen bestreuen.

BAISER-MILLE-FEUILLES
mit Ananas und Verbenen-Sahne

Zubereitung: 35 Min.
Infusion: 15 Min.
Backzeit: 2 Std.

FÜR 4 PERSONEN

- 400 ml Schlagsahne
- 1 kleiner Strauß Zitronenverbene
- 1 reife Victoria-Ananas (s. S. 72)
- 40 g Zucker
- 1 Tütchen Sahnesteif

Für das Baiser
- 4 Eiweiß
- 250 g Zucker
- 30 g Mandelblätter

1. Die Sahne in einem Topf erhitzen. Vom Herd nehmen, die Zitronenverbene einlegen und 15 Minuten ziehen lassen. Die Verbene herausnehmen. Die Sahne im Kühlschrank sehr kalt werden lassen.

2. Für das Baiser den Backofen auf 100 °C vorheizen. In einem größeren Topf Wasser für ein Wasserbad erhitzen. Eiweiß mit Zucker in einer Schüssel schnell aufschlagen. In das heiße Wasser hängen und bei ca. 60°C das Eiweiß mit dem Handmixer zu einer lauwarmen, glänzenden Baisermasse verarbeiten. Schüssel vom Wasserbad nehmen und weiter schlagen, bis die Baisermasse kalt, steif und glatt ist.

3. 2 Backbleche mit Backpapier auslegen. Die Baisermasse mit der Spritztüte mit ungezackter Tülle zu 16 Kreisformen von ca. 10 cm Durchmesser sehr dünn auf das Blech spritzen. Mit den Mandelblättern bestreuen und für 2 Stunden in den Ofen schieben. Nach Ende der Backzeit die Baisertaler im ausgeschalteten Ofen bei halb geöffneter Ofentür erkalten lassen. Danach vorsichtig vom Backpapier lösen.

4. Die Ananas gründlich schälen und in 12 dünne Scheiben schneiden. Die Sahne schlagen. Sobald sie fest zu werden beginnt, 40 g Zucker und Sahnesteif einrühren. Weiter schlagen, bis die Schlagsahne steif ist.

5. Kurz vor dem Servieren die Mille-feuilles anrichten. Für jede Person 3 Baisers mit Verbenensahne bestreichen, übereinanderstapeln und dabei jeweils eine Ananasscheibe dazwischen legen. Mit einem Baisertaler abschließen. Sofort genießen.

BIRNENTARTE
mit Baiser und Nüssen

Zubereitung: 30 Min.
Backzeit: 35 Min.
Gefrierzeit: 2 Std.

FÜR 6 PERSONEN

- 1 Packung Fertig-Mürbteig (Kühlregal)
- 200 g Birnen
- 4 Blätter Gelatine
- 50 g Zucker
- 300 ml Schlagsahne, gut gekühlt
- 60 g Macadamia-Nüsse
- 60 g getrocknete Aprikosen
- 40 g Walnüsse
- 30 g Haselnüsse

Für das Baiser
- 4 Eiweiß
- 200 g Zucker

1. Den Backofen auf 180 °C vorheizen. Eine runde Tarteform mit herausnehmbarem Boden von 23 cm Durchmesser mit Butter ausfetten und den Fertig-Teig einlegen. Mit Backpapier abdecken und eine Lage getrocknete Hülsenfrüchte darübergeben. 20 Minuten blindbacken. Den Teigboden abkühlen lassen.

2. In der Zwischenzeit die Birnen schälen, entkernen und würfeln. Die Gelatine 5 Minuten in kaltem Wasser einweichen. Die Birnenstücke mit dem Zucker 15 Minuten auf kleiner Flamme köcheln. Die ausgedrückte Gelatine hinzugeben und sorgfältig einrühren. Erkalten lassen.

3. Die Sahne steif schlagen und behutsam unter das Birnenkompott heben. Auf den Tarteboden streichen.

4. Sämtliche Nüsse und die Aprikosen grob hacken und auf der Tarte verteilen. Mindestens 2 Stunden kalt stellen.

5. Für das Baiser den Backofen auf 100 °C vorheizen. In einem großen Topf Wasser für ein Wasserbad erhitzen. Eiweiß und Zucker schnell in einer Metallschüssel verrühren. Diese in das Wasserbad hängen und die Mischung mit dem Handmixer zu einer lauwarmen, glänzenden Baisermasse aufschlagen. Schüssel vom Topf nehmen und die Masse weiter schlagen bis sie kalt, steif und glatt ist.

6. Mit einer Spritztüte mit gezackter Tülle kleine Baiser-Rosetten auf die Tarte spritzen. Mit einem Küchenbrenner abflämmen oder die Tarte einige Sekunden unter den Backofengrill schieben. Bis zum Verzehr kühl stellen.

Besondere Zutaten

Englische Creme: Vanillecreme aus Eigelb, Zucker und Milch

Filoteig: dünner Blätterteig griechischer Art, im Kühlregal im Supermarkt oder im griechischen Spezialitätengeschäft.

Foie gras: Stopfleber von der Gans oder Ente ist in Frankreich ein traditionelles Weihnachtsessen. Sie wird normalerweise durch „Stopfen" erzeugt, welches in Deutschland als Tierquälerei verboten ist. Inzwischen gibt es jedoch auch ohne Stopfen erzeugte Gänse- und Entenleber, die den natürlichen Instinkt der Zugvögel ausnutzen, sich im Herbst Fettreserven anzufressen. Wer die Tiere schonen will, sollte sich dennoch danach erkundigen oder auf Ersatzprodukte ausweichen.

Die Firma Labeyrie vermarktet z. B. ein Produkt aus magerer Entenleber, die mit Sahne zu einer Paste verarbeitet wird, die an Gänseleberpastete erinnert. Die Firma Tartex bietet verschiedene vegetarische Pasteten an, die auch als „Faux gras" – „Falsche Gänseleber" vermarktet werden.

Herbsttrompete: Pilzsorte, wird auch Totentrompete genannt.

Marons glacés: Kandierte Maronen, in Deutschland z. B. von Favorina bei Lidl.

Milchkaramell: Brotaufstrich aus Milch und Zucker, z. B. Bonne Maman „Caramel", Confiture de Lait oder Dulce de Leche.

Piment d'Espelette: mildes, leicht rauchiges Chili-Pulver aus dem Baskenland.

Viergewürz: Quatre épices, Gewürzmischung aus Pfeffer, Ingwer, Muskat und Nelken, ersatzweise kann Piment verwendet werden.

Viktoria-Ananas: eine etwas kleinere, besonders aromatische Sorte

Bild- und Textnachweis: © F. Besse (Texte Sabine Paris): Vorsatz und Seiten 11,13,14,17,19, 21, 23, 27, 31, 33, 37, 39, 41, 45, 46, 48–49; P. L. Viel (Texte V. Drouet): Seiten 4–5, 7, 8, 28, 51,52, 55, 56, 59, 60, 62; O. Ploton © Verlagsarchiv Larousse (Texte C. Moreau): Seiten 24–25, 34, 43; © M.-J. Jarry (Texte B. Abraham): Seiten 65, 67, 69, 71

VERLAGSGRUPPE PATMOS

PATMOS
ESCHBACH
GRÜNEWALD
THORBECKE
SCHWABEN

Die Verlagsgruppe
mit Sinn für das Leben

Aus dem Französischen von Christine Frauendorf-Mössel

Alle Rechte vorbehalten
© der deutschen Ausgabe 2016 Jan Thorbecke Verlag der Schwabenverlag AG, Ostfildern
© der Originalausgabe mit dem Titel Recettes de Fetes 2014 Larousse
www.thorbecke.de

Umschlaggestaltung Finken und Bumiller, Stuttgart
Umschlagabbildungen: oben links: M.-J. Jarry; rechts: P. L. Viel; unten: F. Besse
Innengestaltung Mathilde Delattre-Josse
Satz: Schwabenverlag AG, Ostfildern
Druck: Graficas Estella, Spanien
ISBN 978-3-7995-1101-8